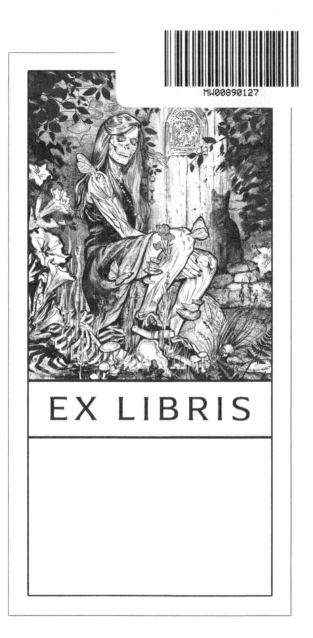

EX LIBRIS

LIZZIE M. PRESS

LIZMASTERS.COM

M T W T F S S

DATE _____   DECK _____

TIME _____   MOOD _____

QUESTION _____
_____
_____

) INTERPRETATION (

M T W T F S S

DATE _____   DECK _____

TIME _____   MOOD _____

QUESTION _____
_____
_____

) INTERPRETATION (

M T W T F S S

DATE _____   DECK _____

TIME _____   MOOD _____

QUESTION _____
_____
_____

) INTERPRETATION (

M T W T F S S

DATE _____   DECK _____

TIME _____   MOOD _____

QUESTION _____

_____

) I N T E R P R E T A T I O N (

M T W T F S S

DATE _____   DECK _____

TIME _____   MOOD _____

QUESTION _____
_____
_____

) INTERPRETATION (

M T W T F S S

DATE _____   DECK _____

TIME _____   MOOD _____

QUESTION _____
_____
_____

) INTERPRETATION (

M T W T F S S

DATE _____   DECK _____

TIME _____   MOOD _____

QUESTION _____

_____

_____

) INTERPRETATION (

M T W T F S S

DATE _____   DECK _____

TIME _____   MOOD _____

QUESTION _____

_____

_____

) I N T E R P R E T A T I O N (

M T W T F S S

DATE _____   DECK _____

TIME _____   MOOD _____

QUESTION _____
_____
_____

) INTERPRETATION (

M T W T F S S

DATE _____ DECK _____

TIME _____ MOOD _____

QUESTION _____

_____

_____

❱ I N T E R P R E T A T I O N ❰

M T W T F S S

DATE _____   DECK _____

TIME _____   MOOD _____

QUESTION _____
_____
_____

) INTERPRETATION (

M T W T F S S

DATE _____   DECK _____

TIME _____   MOOD _____

QUESTION _____
_____
_____

) INTERPRETATION (

M T W T F S S

DATE _____   DECK _____

TIME _____   MOOD _____

QUESTION _____
_____
_____

) INTERPRETATION (

M T W T F S S

DATE _____   DECK _____

TIME _____   MOOD _____

QUESTION _____
_____
_____

) INTERPRETATION (

M T W T F S S

DATE _____   DECK _____

TIME _____   MOOD _____

QUESTION _____
_____
_____

)INTERPRETATION(

M T W T F S S

DATE _____   DECK _____

TIME _____   MOOD _____

QUESTION _____
_____
_____

)INTERPRETATION(

M T W T F S S

DATE _____   DECK _____

TIME _____   MOOD _____

QUESTION _____
_____
_____

) INTERPRETATION (

M T W T F S S

DATE _____   DECK _____

TIME _____   MOOD _____

QUESTION _____
_____
_____

) INTERPRETATION (

M T W T F S S

DATE _____   DECK _____

TIME _____   MOOD _____

QUESTION _____
_____
_____

) I N T E R P R E T A T I O N (

M T W T F S S

DATE _____   DECK _____

TIME _____   MOOD _____

QUESTION _____
_____
_____

)INTERPRETATION(

M T W T F S S

DATE _____   DECK _____

TIME _____   MOOD _____

QUESTION _____
_____
_____

) INTERPRETATION (

M T W T F S S

DATE _____ DECK _____

TIME _____ MOOD _____

QUESTION _____
_____
_____

) INTERPRETATION (

M T W T F S S

DATE _____   DECK _____

TIME _____   MOOD _____

QUESTION _____
_____
_____

) INTERPRETATION (

M T W T F S S

DATE _____   DECK _____

TIME _____   MOOD _____

QUESTION _____
_____
_____

) INTERPRETATION (

M   T   W   T   F   S   S

DATE _____   DECK _____

TIME _____   MOOD _____

QUESTION _____
_____
_____

) INTERPRETATION (

M T W T F S S

DATE _____   DECK _____

TIME _____   MOOD _____

QUESTION _____
_____
_____

) INTERPRETATION (

M T W T F S S

DATE _____   DECK _____

TIME _____   MOOD _____

QUESTION _____
_____
_____

) I N T E R P R E T A T I O N (

M T W T F S S

DATE _____   DECK _____

TIME _____   MOOD _____

QUESTION _____
_____
_____

) I N T E R P R E T A T I O N (

M T W T F S S

DATE _____   DECK _____

TIME _____   MOOD _____

QUESTION _____
_____
_____

) INTERPRETATION (

M T W T F S S

DATE _____   DECK _____

TIME _____   MOOD _____

QUESTION _____
_____
_____

❱ INTERPRETATION ❰

M T W T F S S

DATE _____   DECK _____

TIME _____   MOOD _____

QUESTION _____
_____
_____

) INTERPRETATION (

M T W T F S S

DATE _____   DECK _____

TIME _____   MOOD _____

QUESTION _____
_____
_____

) INTERPRETATION (

M T W T F S S

DATE _____   DECK _____

TIME _____   MOOD _____

QUESTION _____
_____
_____

) INTERPRETATION (

M T W T F S S

DATE _____   DECK _____

TIME _____   MOOD _____

QUESTION _____
_____
_____

) INTERPRETATION (

M T W T F S S

DATE _____   DECK _____

TIME _____   MOOD _____

QUESTION _____
_____
_____

❯ I N T E R P R E T A T I O N ❮

M T W T F S S

DATE _____   DECK _____

TIME _____   MOOD _____

QUESTION _____
_____
_____

) I N T E R P R E T A T I O N (

M T W T F S S

DATE _____   DECK _____

TIME _____   MOOD _____

QUESTION _____
_____
_____

) INTERPRETATION (

M T W T F S S

DATE _____   DECK _____

TIME _____   MOOD _____

QUESTION _____

_____

_____

) INTERPRETATION (

M T W T F S S

DATE _____   DECK _____

TIME _____   MOOD _____

QUESTION _____
_____
_____

) INTERPRETATION (

M T W T F S S

DATE _____   DECK _____

TIME _____   MOOD _____

QUESTION _____
_____
_____

) I N T E R P R E T A T I O N (

M T W T F S S

DATE _____   DECK _____

TIME _____   MOOD _____

QUESTION _____
_____
_____

) INTERPRETATION (

M T W T F S S

DATE _____   DECK _____

TIME _____   MOOD _____

QUESTION _____
_____
_____

) I N T E R P R E T A T I O N (

M T W T F S S

DATE _____   DECK _____

TIME _____   MOOD _____

QUESTION _____
_____
_____

)INTERPRETATION(

M T W T F S S

DATE _____   DECK _____

TIME _____   MOOD _____

QUESTION _____
_____
_____

)INTERPRETATION(

M T W T F S S

DATE _____   DECK _____

TIME _____   MOOD _____

QUESTION _____
_____
_____

) I N T E R P R E T A T I O N (

M T W T F S S

DATE _____   DECK _____

TIME _____   MOOD _____

QUESTION _____
_____
_____

❱ I N T E R P R E T A T I O N ❰

M T W T F S S

DATE _____   DECK _____

TIME _____   MOOD _____

QUESTION _____
_____
_____

) I N T E R P R E T A T I O N (

M T W T F S S

DATE _____   DECK _____

TIME _____   MOOD _____

QUESTION _____
_____
_____

) INTERPRETATION (

M T W T F S S

DATE _____ DECK _____

TIME _____ MOOD _____

QUESTION _____
_____
_____

) I N T E R P R E T A T I O N (

M T W T F S S

DATE _____   DECK _____

TIME _____   MOOD _____

QUESTION _____
_____
_____

) INTERPRETATION (

M T W T F S S

DATE _____   DECK _____

TIME _____   MOOD _____

QUESTION _____
_____
_____

) I N T E R P R E T A T I O N (

M T W T F S S

DATE _____   DECK _____

TIME _____   MOOD _____

QUESTION _____

_____

_____

) INTERPRETATION (

M T W T F S S

DATE _____   DECK _____

TIME _____   MOOD _____

QUESTION _____
_____
_____

) INTERPRETATION (

M T W T F S S

DATE _____   DECK _____

TIME _____   MOOD _____

QUESTION _____
_____
_____

) I N T E R P R E T A T I O N (

M T W T F S S

DATE _____   DECK _____

TIME _____   MOOD _____

QUESTION _____
_____
_____

) INTERPRETATION (

M T W T F S S

DATE _____ DECK _____

TIME _____ MOOD _____

QUESTION _____
_____
_____

) INTERPRETATION (

M T W T F S S

DATE _____   DECK _____

TIME _____   MOOD _____

QUESTION _____
_____
_____

) INTERPRETATION (

M T W T F S S

DATE _____   DECK _____

TIME _____   MOOD _____

QUESTION _____
_____
_____

) I N T E R P R E T A T I O N (

M T W T F S S

DATE _____   DECK _____

TIME _____   MOOD _____

QUESTION _____
_____
_____

) INTERPRETATION (

M T W T F S S

DATE _____   DECK _____

TIME _____   MOOD _____

QUESTION _____

_____

_____

)INTERPRETATION(

M T W T F S S

DATE _____   DECK _____

TIME _____   MOOD _____

QUESTION _____
_____
_____

) INTERPRETATION (

M T W T F S S

DATE _____   DECK _____

TIME _____   MOOD _____

QUESTION _____
_____
_____

) INTERPRETATION (

M T W T F S S

DATE _____   DECK _____

TIME _____   MOOD _____

QUESTION _____
_____
_____

) INTERPRETATION (

M T W T F S S

DATE _____   DECK _____

TIME _____   MOOD _____

QUESTION _____

_____

_____

❨ I N T E R P R E T A T I O N ❩

M T W T F S S

DATE _____   DECK _____

TIME _____   MOOD _____

QUESTION _____

_____

_____

❭ I N T E R P R E T A T I O N ❬

M T W T F S S

DATE _____   DECK _____

TIME _____   MOOD _____

QUESTION _____
_____
_____

) INTERPRETATION (

M T W T F S S

DATE _____   DECK _____

TIME _____   MOOD _____

QUESTION _____
_____
_____

) INTERPRETATION (

M T W T F S S

DATE _____   DECK _____

TIME _____   MOOD _____

QUESTION _____
_____
_____

) INTERPRETATION (

M T W T F S S

DATE _____   DECK _____

TIME _____   MOOD _____

QUESTION _____
_____
_____

) INTERPRETATION (

M T W T F S S

DATE _____   DECK _____

TIME _____   MOOD _____

QUESTION _____
_____
_____

) INTERPRETATION (

M T W T F S S

DATE _____   DECK _____

TIME _____   MOOD _____

QUESTION _____
_____
_____

) INTERPRETATION (

M T W T F S S

DATE _____   DECK _____

TIME _____   MOOD _____

QUESTION _____

_____

_____

) INTERPRETATION (

M T W T F S S

DATE _____   DECK _____

TIME _____   MOOD _____

QUESTION _____
_____
_____

) INTERPRETATION (

M   T   W   T   F   S   S

DATE _____   DECK _____

TIME _____   MOOD _____

QUESTION _____
_____
_____

) INTERPRETATION (

M T W T F S S

DATE _____   DECK _____

TIME _____   MOOD _____

QUESTION _____
_____
_____

) INTERPRETATION (

M T W T F S S

DATE _____   DECK _____

TIME _____   MOOD _____

QUESTION _____

_____

_____

) INTERPRETATION (

M T W T F S S

DATE _____ DECK _____

TIME _____ MOOD _____

QUESTION _____
_____
_____

) INTERPRETATION (

M T W T F S S

DATE _____   DECK _____

TIME _____   MOOD _____

QUESTION _____
_____
_____

) INTERPRETATION (

M T W T F S S

DATE _____   DECK _____

TIME _____   MOOD _____

QUESTION _____
_____
_____

) INTERPRETATION (

M T W T F S S

DATE _____   DECK _____

TIME _____   MOOD _____

QUESTION _____
_____
_____

) INTERPRETATION (

M T W T F S S

DATE _____   DECK _____

TIME _____   MOOD _____

QUESTION _____
_____
_____

❯ INTERPRETATION ❮

M T W T F S S

DATE _____   DECK _____

TIME _____   MOOD _____

QUESTION _____
_____
_____

) INTERPRETATION (

M T W T F S S

DATE _____   DECK _____

TIME _____   MOOD _____

QUESTION _____
_____
_____

) INTERPRETATION (

M T W T F S S

DATE _____   DECK _____

TIME _____   MOOD _____

QUESTION _____
_____
_____

) INTERPRETATION (

M T W T F S S

DATE _____   DECK _____

TIME _____   MOOD _____

QUESTION _____
_____
_____

) INTERPRETATION (

M T W T F S S

DATE _____   DECK _____

TIME _____   MOOD _____

QUESTION _____
_____
_____

) INTERPRETATION (

M T W T F S S

DATE _____ DECK _____

TIME _____ MOOD _____

QUESTION _____
_____
_____

) INTERPRETATION (

M T W T F S S

DATE _____   DECK _____

TIME _____   MOOD _____

QUESTION _____

_____

) INTERPRETATION (

M T W T F S S

DATE _____   DECK _____

TIME _____   MOOD _____

QUESTION _____
_____
_____

) INTERPRETATION (

M T W T F S S

DATE _____   DECK _____

TIME _____   MOOD _____

QUESTION _____
_____
_____

) INTERPRETATION (

M T W T F S S

DATE _____   DECK _____

TIME _____   MOOD _____

QUESTION _____
_____
_____

) INTERPRETATION (

M T W T F S S

DATE _____   DECK _____

TIME _____   MOOD _____

QUESTION _____
_____
_____

) I N T E R P R E T A T I O N (

M T W T F S S

DATE _____   DECK _____

TIME _____   MOOD _____

QUESTION _____
_____
_____

) INTERPRETATION (

M T W T F S S

DATE _____   DECK _____

TIME _____   MOOD _____

QUESTION _____
_____
_____

) INTERPRETATION (

M T W T F S S

DATE _____   DECK _____

TIME _____   MOOD _____

QUESTION _____
_____
_____

) INTERPRETATION (

M T W T F S S

DATE _____   DECK _____

TIME _____   MOOD _____

QUESTION _____
_____
_____

) INTERPRETATION (

M T W T F S S

DATE _____   DECK _____

TIME _____   MOOD _____

QUESTION _____
_____
_____

) INTERPRETATION (

M T W T F S S

DATE _____   DECK _____

TIME _____   MOOD _____

QUESTION _____
_____
_____

) INTERPRETATION (

M T W T F S S

DATE _____   DECK _____

TIME _____   MOOD _____

QUESTION _____
_____
_____

) INTERPRETATION (

M T W T F S S

DATE _____   DECK _____

TIME _____   MOOD _____

QUESTION _____
_____
_____

❯ I N T E R P R E T A T I O N ❮

M T W T F S S

DATE _____   DECK _____

TIME _____   MOOD _____

QUESTION _____
_____
_____

) INTERPRETATION (

M   T   W   T   F   S   S

DATE _____   DECK _____

TIME _____   MOOD _____

QUESTION _____
_____
_____

❱ I N T E R P R E T A T I O N ❰

M T W T F S S

DATE _____   DECK _____

TIME _____   MOOD _____

QUESTION _____
_____
_____

) I N T E R P R E T A T I O N (

M T W T F S S

DATE _____ DECK _____

TIME _____ MOOD _____

QUESTION _____
_____
_____

) I N T E R P R E T A T I O N (

M T W T F S S

DATE _____   DECK _____

TIME _____   MOOD _____

QUESTION _____
_____
_____

) INTERPRETATION (

M T W T F S S

DATE _____   DECK _____

TIME _____   MOOD _____

QUESTION _____
_____
_____

) INTERPRETATION (

M T W T F S S

DATE _____   DECK _____

TIME _____   MOOD _____

QUESTION _____
_____
_____

) INTERPRETATION (

M T W T F S S

DATE _____ DECK _____

TIME _____ MOOD _____

QUESTION _____
_____
_____

) INTERPRETATION (

M T W T F S S

DATE _____   DECK _____

TIME _____   MOOD _____

QUESTION _____
_____
_____

) INTERPRETATION (

M T W T F S S

DATE _____   DECK _____

TIME _____   MOOD _____

QUESTION _____
_____
_____

) I N T E R P R E T A T I O N (

M T W T F S S

DATE _____   DECK _____

TIME _____   MOOD _____

QUESTION _____
_____
_____

) INTERPRETATION (

M T W T F S S

DATE _____   DECK _____

TIME _____   MOOD _____

QUESTION _____
_____
_____

) I N T E R P R E T A T I O N (

M T W T F S S

DATE _____   DECK _____

TIME _____   MOOD _____

QUESTION _____
_____
_____

) I N T E R P R E T A T I O N (

M T W T F S S

DATE _____   DECK _____

TIME _____   MOOD _____

QUESTION _____
_____
_____

) I N T E R P R E T A T I O N (

M T W T F S S

DATE _____   DECK _____

TIME _____   MOOD _____

QUESTION _____
_____
_____

❯ INTERPRETATION ❮

M T W T F S S

DATE _____ DECK _____

TIME _____ MOOD _____

QUESTION _____
_____
_____

) I N T E R P R E T A T I O N (

M T W T F S S

DATE _____   DECK _____

TIME _____   MOOD _____

QUESTION _____
_____
_____

) I N T E R P R E T A T I O N (

M T W T F S S

DATE _____   DECK _____

TIME _____   MOOD _____

QUESTION _____
_____
_____

❭ I N T E R P R E T A T I O N ❰

M T W T F S S

DATE _____   DECK _____

TIME _____   MOOD _____

QUESTION _____
_____
_____

) INTERPRETATION (

M T W T F S S

DATE _____   DECK _____

TIME _____   MOOD _____

QUESTION _____

_____

_____

) I N T E R P R E T A T I O N (

Made in the USA
Middletown, DE
02 May 2024

53772038R00070